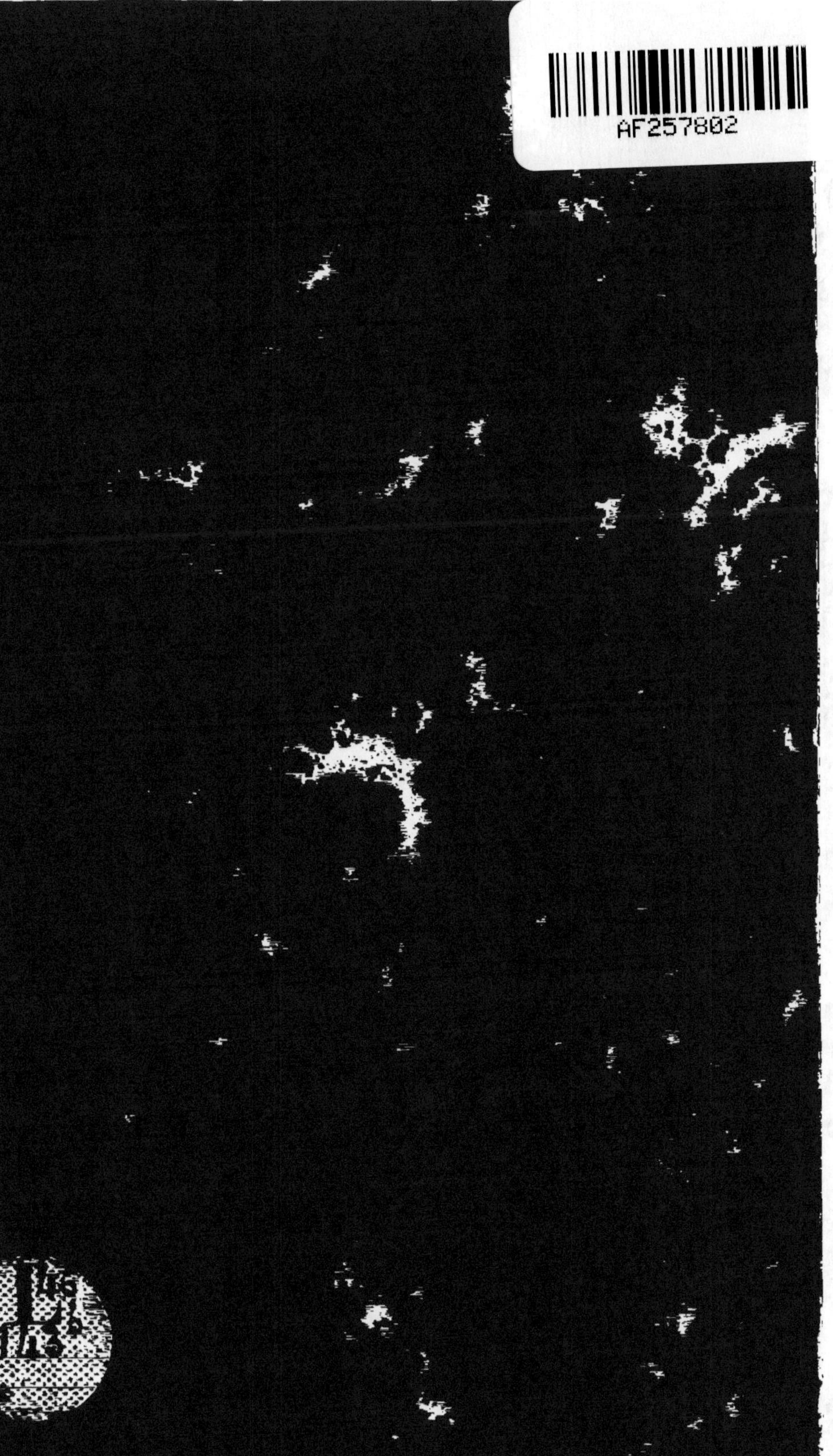

46
LT 143.

OPINION

D'UN HOMME LIBRE

SUR

LA CONSTITUTION PROPOSÉE.

PAR J. P. G. VIENNET,

AUTEUR DE LA *LETTRE D'UN FRANÇAIS
A L'EMPEREUR.*

PARIS,

DELAUNAY, LIBRAIRE, AU PALAIS-ROYAL,
Galerie de Bois.

AVRIL 1815.

OPINION

D'UN HOMME LIBRE

SUR

LA CONSTITUTION PROPOSÉE.

Sɪ je n'étais point lassé de bouleversemens politiques, si j'étais assez malheureux pour regarder l'avenir de ma patrie avec indifférence, ou que j'eusse la criminelle ambition de m'enrichir et de m'élever à la faveur d'une révolution nouvelle, je garderais un profond silence sur la constitution qu'on nous présente, et j'attendrais que cet édifice croulât de lui-même pour me jeter sur ses ruines. Mais vingt-cinq années de troubles de déchiremens, de convulsions et de folies sont déjà trop pour un peuple, dont la presque unanimité gémit ainsi que moi de cet état de crise et d'incertitude, que ses régulateurs semblent se plaire à prolonger en abusant de notre inertie ou de notre insouciance.

Nous devions être consultés sur le grand acte qui va fixer nos destinées : nous en avions solennellement reçu la promesse ; et l'on se borne, maintenant, à le soumettre dans son ensemble à notre acceptation individuelle Cette forme peu libérale peut bien assurer l'adoption du projet ; mais la discussion successive et publique des articles pouvait seule en garantir l'irrévocabilité. Dans les idées de mon siècle, une constitution monarchique est un engagement réciproque et perpétuel qu'une nation contracte avec le souverain et la dynastie qu'elle adopte ; et je ne vois pas quels sont les arbitres du peuple qui ont coopéré à la rédaction du contrat. Je ne trouve que des mandataires de l'autorité souveraine, des salariés de la république ; et, quelques talens que je leur reconnaisse, quelque zèle que je leur suppose pour nos intérêts, ce n'était point à nos pensionnaires de les régler.

Je me hâte de publier mes réflexions ; mais le peu de temps qu'on nous laisse me fait craindre qu'elles ne soient inutiles à ma patrie ; et je ne le ferais point si les scrutateurs du Champ-de-Mai avaient déjà compté les suffrages du peuple. Quelque illégale que soit à mes yeux cette manière de les recueillir, je n'en aurai pas moins pour les décisions de la majorité le respect et l'obéissance passive que je portai toujours aux institutions établies : car, dans mes principes, il me paraît aussi condamnable de les fronder quand elles sont convenues, que de nous interdire le droit de les discuter avant de nous y soumettre.

Il étoit difficile, je l'avoue, de réunir tous les colléges électoraux dans une seule et même assemblée ; mais ils pouvaient y assister par leurs représentans ; conférer leurs pouvoirs à des arbitres ; et dès lors, ayant prononcé dans toute la plénitude de leur puissance, ils auraient enlevé aux factions dont nous sommes environnés l'espoir tacite de renverser l'ouvrage de notre indépendance et de notre sagesse. Ces difficultés se sont présentées sans doute à nos législateurs. Ils ont tranché le nœud gordien que cette fois il fallait dénouer, et notre avenir est encore abandonné aux caprices de la fortune.

Ne nous arrêtons pas plus long-temps sur des formes que l'opinion reprouve, quoique l'expérience nous ait démontré d'une manière terrible le danger de braver cette souveraine des rois et des peuples. Examinons le fond du projet, et demandons-nous d'abord ce que c'est qu'un acte additionnel à des constitutions tant de fois violées. Pourquoi s'appuyer sur des autorités qui n'existent plus ? Pourquoi ne pas ôter de devant nos yeux la dégoûtante image de ces violations successives, et ne point cacher aux générations

futures les preuves matérielles de notre incons-
tance et les dangereux exemples de l'instabilité
de nos résolutions ? Pourquoi laisser aux subter-
fuges machiavéliques la détermination de ce qui
est détruit ou confirmé ? Pourquoi ne pas réunir
la constitution toute entière dans un seul et
même contrat ? A-t-on craint de remettre en
question ce que la victoire venait de décider ?
A-t-on craint que l'on examinât la validité des
droits avant d'obéir aux ordres ? Devait-on s'arrêter à de pareilles considérations, quand il s'a-
gissait d'enchaîner pour jamais un grand peuple
par l'expression libre et solennelle de sa volonté ?
Il y a là-dedans un chaos de contradictions, de
sentimens et de principes qu'il serait pénible
d'approfondir, et qui jettent sur cet acte une
défaveur presque générale.

Il était une réforme nécessaire ; mais je pense
que le mérite et le caractère des individus ont
préservé l'institution. Je veux parler des grandes
dignités de l'Empire. Les hommes qui en sont
revêtus jouissent d'une juste célébrité. L'étendue
de leurs talens, leur activité, leur zèle, leur ha-
bitude d'une grande administration, les rendent
nécessaires à tous les gouvernemens. Leur inac-
tion serait une perte réelle pour l'Etat ; mais en
leur conservant les titres dont on a payé leurs

(7)

services, n'aurait-on pas dû prononcer, après eux, l'extinction de leurs charges? Leurs talens ne seraient-ils pas employés aussi utilement dans un ministère? Leur influence est souvent décisive dans le conseil des ministres; et puisque aucune responsabilité ne pèse sur eux, cette influence ne peut-elle être dangereuse? Que signifient d'ailleurs, chez un peuple qui ne veut plus être le maître des peuples, que signifient, dis-je, ces grandes dignités, onéreuses pour le trésor, inutiles à l'administration, contraires aux principes de modération qui vont diriger notre politique, vaines et fastueuses imitations de ces dignités parasites que les électeurs de l'empire germanique se sont partagées, et qu'ils conservent comme des titres de famille dans les cercles où ces titres sont encore de quelque valeur?

Passons à des objets d'une plus haute importance. Quels sont les avantages qui nous ont été promis, que nous avons droit d'attendre et que nous avons tous intérêt à nous assurer, quels que soient les sentimens qui nous divisent? la paix dans l'intérieur, la prospérité de notre commerce et de notre industrie, la liberté de corps et d'esprit, tant que nos actions et nos pensées ne nuisent point à l'ordre établi, et ne compromettent ni les intérêts de la société, ni la sûreté du gouvernement. Tous ces avantages nous sont donnés, si nous considérons à part les articles où nos législateurs les ont spécifiés ; aucun de ces avantages ne nous est garanti, si nous considérons la nature des corps délibérans qui doivent nous en assurer la jouissance. Commençons par la Chambre des Pairs. L'Angleterre en a une, il en faut une à la France : la Chambre des Pairs est aujourd'hui notre marotte ; et, puisque nous tenons à posséder un corps permanent composé de membres inamovibles, j'aime autant ce titre-là qu'un autre plus ambitieux, quoiqu'il soit plus que jamais impossible de donner au titre de *Pairs de France* une signification satisfaisante. Mais que ce corps soit héréditaire, et que cette hérédité soit nécessaire au maintien de la Constitution française, c'est ce que je nie avec vingt-quatre millions neuf cent quatre-vingt-dix-neuf mille huit cents Francais ; car il n'y a dans ce moment que deux cents prétendus publicistes de cet avis, et, quand la Chambre des Pairs sera formée, le nombre des opposans se grossira de tous ceux qui ne seront point élus. Remontons à l'origine de la chambre anglaise, et voyons si la nôtre peut être formée des mêmes élémens. Sous le règne d'un Phalaris, les ba-

rons d'Angleterre, menacés dans leurs fortunes
et dans leurs personnes, prennent les armes
contre leur indigne monarque, le forcent à ca-
pituler sur son trône, et lui arrachent une
constitution qui garantit leurs priviléges. Les
héritiers de Sans-Terre, effrayés des conces-
sions qu'il a faites, veulent faire rétrograder le
temps, car cette manie des souverains n'est pas
tout-à-fait nouvelle; les barons s'assemblent,
tiennent des conférences, et la création du
Parlement devient le second triomphe de la liberté sur le despotisme. Les ministres qui, à
l'exception de trois ou quatre Sully, sont toujours et partout les mêmes, saisissent toutes les
occasions de rétablir l'autorité royale dans son
exclusive intégrité : les brandons de la discorde s'agitent encore la guerre civile recom-
mence, et les barons victorieux, pour guérir
les ministres de la manie des usurpations, ap-
pellent les communes au partage de leur liberté, et s'étayent de toute la puissance du
peuple. Je ne pousserai pas plus loin l'histoire
de ce corps illustre; il est inutile de montrer ici
par quelle suite de révoltes et de conquêtes il
est parvenu à s'arroger l'autorité législative. Je
ne dépeindrai pas davantage cette lutte perpé-
tuelle des deux Chambres entre elles et avec le

trône, lutte sanglante qui a si long-temps désolé l'Angleterre, et qui devrait causer des réflexions terribles aux partisans de la division du corps représentatif. Cette division nous plaît, nous la voulons ; nous n'en redoutons point les inconvéniens, parce que nous avons le bon esprit de nous croire plus sages que les autres, et Dieu sait !.... Ce n'est point là ce que je voulais dire. Mon intention était de prouver que la situation politique où l'Angleterre se trouvait alors ne ressemblait en rien à celle d'une nation dont tous les individus se sont déclarés égaux en droits, et se sont imposés les mêmes devoirs ; et c'est au moment même où cette nation se révolte contre l'idée seule du rétablissement des anciens priviléges, qu'on lui propose la création d'un corps privilégié ! Tant que vivra la génération actuelle, ce corps fera partie de la représentation nationale ; mais dans une quarantaine d'années, il ne représentera absolument que lui-même ; et nous n'avons pas besoin de ce luxe de représentation. Que peut-il résulter d'avantageux pour l'état de ce mélange bizarre de démocratie, d'aristocratie et de gouvernement monarchique ? Je prouverai bientôt que l'union des deux derniers sera la suite inévitable d'un pareil système ; et je ne devrais pas avoir besoin de dire que dans un temps où la force réelle l'emporte sur la force des préjugés, il est dangereux de placer un peuple entre l'esclavage et la rébellion. Que le fils d'un grand monarque soit un imbécille, c'est un malheur; mais, avec une bonne constitution, l'état n'en marche pas moins, et des ministres, responsables des actes de la souveraineté, deviennent indispensablement les tuteurs du souverain. Il y a d'ailleurs dans toute autre espèce de monarchie et même de gouvernement de tels inconvéniens, de tels dangers, de telles conséquences, qu'on me menacerait d'une éternelle succession de Claude, de Charles VI et de Georges III, que je n'aurais pas la moindre envie de changer de système, si la poussière d'une centaine d'années avait couvert la constitution libérale que je demande et qu'on m'a promise. Mais pourquoi soumettre tout un corps, et un corps législatif, aux bizarres caprices de la naissance? Il y aura donc en France une classe d'hommes qui pourront être dispensés par leurs aïeux de valoir quelque chose par eux-mêmes; qui auront des intérêts absolument distincts des intérêts de la nation; qui se jugeant d'une nature supérieure à la nôtre, d'un limon plus pur, et d'un sang

plus foncé, penseront avoir des droits à la vé-
nération de nos enfans, parce que leurs pères
en auront eu quelques-uns à notre reconnais-
sance ! Dans leurs idées, la nation sera bientôt renfermée dans le cercle étroit de leurs familles, et nous ne serons que le peuple pour
eux. Ce nom de peuple nous sera donné de
toute la hauteur d'une tête impudente, pivo-
tant avec majesté sur une poitrine avancée,
relevée par des talons rouges, et superbement
chamarrée de distinctions héréditaires. Vieillis-
sons-nous d'un demi-siècle, et pénétrons dans
cette respectable assemblée. Ecoutons ces vieil-
lards qui répètent jusqu'à satiété les noms de
constitutions et de priviléges, vingt ans après
qu'ils ont oublié ce qu'ils signifient; écoutons
ces orateurs dans toute la force de l'âge et de
l'ambition, sacrifiant les intérêts de leur corps
et du peuple à l'expectative d'un ministère,
quelquefois même à la promesse d'une clef de
chambellan. Voyons ces sénateurs imberbes,
descendus mollement du lit voluptueux de
leurs maîtresses, cherchant un lit de repos sur
les coussins de la pairie, et chancelant de fa-
tigue, sommeillant de luxure et d'ennui, prononcer au hasard sur des matières importantes,
d'où peut dépendre la destinée de l'empire.

Revenons sur nous-mêmes, et considérons les hommes de notre siècle. Quelle garantie peuvent nous offrir ces bons pères de famille, qui, vivant des prodigalités du trésor, craignent de se voir bannir du champ du public où ils moissonnent, en s'opposant à des volontés redoutables; et capitulent avec leur conscience pour ne pas compromettre leurs intérêts? Il en est qui ont eu la bonne foi de convenir de leur faiblesse; mais s'ils tremblaient alors pour leurs places, les croiront-ils plus solides, parce qu'un acte aussi fragile que les autres les aura déclarées héréditaires? Il est vrai que le nombre des pairs est illimité; que cette faculté, laissée à tous les Français de parvenir à cette dignité éminente, entretiendra parmi nous une noble et utile émulation; mais prendrons-nous réellement pour un avantage ce qui peut et doit devenir une source intarissable d'abus? Le souverain, qui dispose exclusivement de cette faveur auguste, aura-t-il la magnanimité d'en revêtir les hommes qui l'aimeront assez pour le contredire? la pairie ne deviendra-t-elle point quelquefois la récompense d'un flatteur adroit, d'un législateur complaisant, ou de ces administrateurs que notre langue a flétris du nom d'âmes damnées? Dans la suite des temps, les antichambres des ministres ne seront-elles pas celles de la Chambre des Pairs? Si un Richelieu, un Louis XI veut faire consacrer une injustice ou frapper la nation d'un tribut d'or et de sang qui lui répugne , et que ses espions lui fassent pressentir la possibilité d'une opposition majeure, le monarque rassemblera ses courtisans et ses favoris , transformera d'un trait de plume quarante de ses créatures en sénateurs héréditaires , et l'injustice sera consommée. Français, traiterez-vous ce que j'avance de supposition hasardée? La Constitution qu'on vous présente ne donne-t-elle pas à nos souverains le droit de le faire? et quelle distance y a-t-il pour un monarque du droit à la volonté et de la volonté à l'action? Si l'opposition continue, il sera d'autant plus facile au dépositaire de la force publique de renverser une institution pareille, que cette institution n'a pas même en naissant l'opinion pour elle.

Et voilà ce qu'on nous présente comme la plus forte garantie de nos libertés! La veut-on de bonne foi de part et d'autre cette garantie nécessaire? Il n'est qu'un moyen de l'obtenir, c'est de mettre à la tête du peuple un corps plus indépendant de la cour et du monarque, un corps dont l'existence, la formation et le re-

nouvellement ne dépendent ni des caprices de
la naissance, ni des caprices du gouvernement ;
un corps auquel tous les citoyens aient quelque intérêt de plaire, et dont les ambitieux
cherchent à mériter les suffrages. Occupé de
ces réflexions, je m'étais arrêté par hasard devant le palais de l'Institut ; j'ai pénétré par
la pensée dans l'intérieur de ce temple, et j'y
ai trouvé la solution du problême politique
que je cherchais. Il y a là, me suis-je dit, une
réunion d'hommes célèbres qui forment le sénat
de la littérature française : tous ceux de leurs
concitoyens qui font usage de la pensée ont le
désir de leur être agréables. C'est pour être
dignes de leurs suffrages que mille écrivains
consacrent leur existence à des travaux utiles,
et qu'ils enrichissent leur patrie du noble fruit
de leurs veilles. Ceux qui s'élèvent au-dessus du
vulgaire ne voient pas de récompense plus flat-
teuse que l'honneur de siéger un jour dans ce
palais. La faveur et l'intrigue en ont ouvert
quelquefois les portes ; mais le choix tombe
toujours sur des hommes doués d'un mérite
quelconque, et cette complaisance des quarante ne va jamais jusqu'à compromettre leur
gloire. Pourquoi donc ne placerait - on pas
entre le peuple et le monarque un sénat dont
les principes constitutifs fussent les mêmes que

ceux de l'Académie française? Le nombre des sénateurs serait fixé à cent, et il suffirait. Pour donner une puissante garantie au souverain, le tiers des places serait exclusivement réservé à l'armée ; mais on n'entrerait dans ce corps que par le suffrage libre de ses membres. Ce ne serait point assez de les rendre inamovibles, il faudrait que leurs fonctions fussent incompatibles avec toute autre. J'en ai donné les raisons dans ma *Lettre d'un Français à l'Empereur;* il est inutile de les répéter. Les ambitieux n'attacheraient point exclusivement leurs regards sur les Tuileries, ils les tourneraient quelquefois vers le palais du Sénat : les ministres eux-mêmes craindraient de déplaire à cette réunion d'hommes célèbres, dont le choix pourrait un jour leur assurer une retraite honorable et paisible. Je laisserais à l'empereur la nomination des cent premiers sénateurs ; mais je l'obligerais de les prendre sur une liste quintuple, formée par les colléges électoraux de département. Je puis me tromper dans mes combinaisons; mais je pense qu'une chambre pareille est la seule qui puisse donner à la nation une garantie réelle, sans compromettre la sûreté du trône et les intérêts du monarque.

Ce projet aura sans doute le sort de tant

d'autres, et surtout de celui que j'ai proposé
pour la formation d'une Chambre des Communes. Je n'en persiste pas moins à croire que
mon système sur ce dernier objet convient beaucoup mieux à ma patrie que toutes les législa-
tures dont nous avons fait l'épreuve. On a trouvé
que le nombre des députés aux sessions an-
nuelles n'était pas assez considérable pour re-
présenter dignement une nation comme la nôtre.
J'avais porté ce nombre à deux cent cinquante;
qu'on le double, en élevant le nombre total de
nos représentans ou notables à deux mille cinq
cents, ce qui ferait un notable par dix mille
individus. La Chambre des Députés qu'on
nous propose étant à peu près reconstruite sur
les mêmes bases que les précédentes, n'inspire
pas la moindre confiance. Les élections sont à
la vérité plus libres; elles sont rendues à ceux
qui ont seuls le droit de les faire; et les colléges
électoraux, modifiés par l'article 28 de l'acte
additionnel, ne laisseraient plus rien à désirer,
si l'article 29 du même acte n'existait pas; ils
nous délivrent à jamais de ces assemblées tu-
multueuses, où l'injure grossière tenait lieu
d'éloquence, et d'où l'honnête homme se reti-
rait en gémissant au milieu des vociférations
d'une populace effrénée qu'excitaient des Ro-

berspierre subalternes ; mais en soumettant ces mêmes colléges à la présidence d'un délégué de l'Empereur, on gêne la liberté des suffrages par l'influence de ce mandataire ; et dans le cas où sa présence n'influerait en rien sur l'opinion des électeurs, on ruinerait son crédit auprès de son commettant, en l'exposant peut-être à devenir la fable du collége qu'il aurait présidé. Supposons maintenant que la Chambre des Pairs héréditaire soit approuvée par la nation, et demandons-nous s'il est sans danger pour nos intérêts et pour nos droits que les présidens de tous les colléges de département soient pris dans cette même Chambre. Demandons-nous ce que peut devenir dans la suite des temps cette présidence inamovible et peut-être héréditaire.

L'article 21, qui donne à l'Empereur le droit de proroger, d'ajourner et dissoudre la Chambre des Représentans, est nécessairement incomplet. Je ne vois pas qu'on ait fixé le terme de cet ajournement, et je pense qu'on devait le faire. Le souverain demeure libre de le prolonger autant qu'il le jugera convenable ; et l'article 34 assurant au gouvernement les impôts votés dans la session précédente, je ne vois rien qui puisse l'engager à rappeler les députés du peuple, à moins qu'une guerre imminente ne le

mette dans la nécessité de lever des hommes.
Dans le cas d'une dissolution totale , le terme
de rigueur auquel doivent se réunir les nouveaux représentans ne devrait-il pas être rap-
proché? Notre révolution, qui semble n'avoir
rien appris à quelques-uns de mes compatriotes,
nous a prouvé que dans six mois on pouvait
faire beaucoup en France; et six mois de dic-
tature m'épouvantent. Le plus simple raisonne-
ment suffira pour démontrer qu'il est parfaite-
ment inutile de laisser un aussi long intervalle
entre la dissolution de cette Chambre et une
convocation nouvelle. La loi proposée est bonne,
ou elle est mauvaise : dans le premier cas, il
est urgent de la faire accepter par les Chambres;
dans le second , il est utile au monarque et à
la nation que le gouvernement soit prompte-
ment éclairé par une nouvelle épreuve, et que
les Chambres lui fassent reconnaître son erreur.
Ces levains de discorde sont toujours perni-
cieux quand ils s'aigrissent : on ne saurait trop
se hâter d'en purger le corps politique. Sept
jours suffisent pour transmettre aux extrémités
de l'empire les actes du gouvernement ; dans
trois jours, les colléges électoraux peuvent être
rassemblés ; le quatrième, on se communique
les motifs de cette mesure, et on les juge , à

moins qu'on n'exige plus de temps pour cela qu'on n'en a mis dix fois à nous faire une constitution ; le cinquième et le sixième jour suffisent pour les élections nouvelles, et, vingt jours enfin après l'anéantissement du corps législatif, il est rendu aux vœux de la nation. Il est vrai que cette promptitude laisse peu de temps à l'intrigue, et c'est précisément pour cela que je me hâte. Il vaudrait mieux, au reste, que ce droit d'ajournement et de dissolution ne fût point une des prérogatives de la couronne : c'est un épouvantail pour les timides, et le souverain aura toujours assez d'influence dans les assemblées nationales, surtout si la Constitution nouvelle est sanctionnée par les suffrages du peuple.

Le dix-huitième et le vingt-sixième articles de l'acte additionnel contribueront plus que tous les autres à mettre le Corps législatif dans la dépendance des ministres, et sont par conséquent diamétralement opposés aux principes qui sont énoncés dans le considérant. Il était sans doute ridicule, dans notre dernière chambre des communes, de voir une foule d'orateurs dérouler péniblement leurs manuscrits, prolonger les discussions sans but et sans utilité, répéter cent fois les mêmes choses, et finir par embrouiller les

questions qu'ils voulaient éclaircir. Le grand in-
convénient de ces discours écrits, et lus pour ainsi
dire au hasard, était de ne point se répondre l'un
à l'autre, de diviser l'attention des auditeurs, de
multiplier les objections sans les détruire, et de
laisser enfin dans la mémoire une foule d'idées
incohérentes que tous les Barnave de la France
n'auraient point réussi à analyser. Mais ressem-
blerons-nous toujours à ce singe qui, sautant sur
l'une des extrémités d'une bascule, et la sentant
fléchir sous ses pieds, s'élance bien vite sur l'autre, et finit par se trouver à terre pour n'avoir
pas eu l'instinct de s'arrêter sur le milieu ? Par
cela seul qu'on vient d'abuser des discours écrits,
faut-il entièrement les proscrire? Un député,
possesseur d'une forte tête, sera disgracié par la
nature au point de ne pouvoir émettre sa pensée,
et on lui interdira le droit de la confier à l'un de
ses collègues ! Un autre, éloigné de l'assemblée
par une indisposition passagère, ne pourra lui
communiquer de vive voix des idées qu'il jugera
devoir être utiles; et la même faculté lui sera
interdite. Jean-Jacques lui-même n'aurait pu se
faire entendre à cette tribune; et quoi qu'en disent
certaines gens à la mode, Jean-Jacques valait la
peine d'être entendu. Reste-t-il d'ailleurs en
France beaucoup d'hommes capables de parler

d'abondance sur toutes les matières ? Deux générations entières ont été poussées dans la car-
rière des armes; et ce n'est point dans une car-
rière où le silence est un devoir qu'on apprend
à devenir orateur. Où sont les hommes éloquens
de nos jours? Dans les conseils du Monarque.
Exercés par le fréquent usage de leurs facultés
oratoires, p r l'immense quantité des objets
qu'ils ont eu à traiter, ils peuvent aisément se
rendre maîtres des décisions de la représentation
nationale; et l'article 18, donnant à l'Empereur
le droit d'y envoyer les membres de son conseil
pour prendre part aux discussions, assure au
Gouvernement l'approbation de toutes les lois
qu'il lui plaira de proposer. On m'objectera sans
doute que ces assistans hétérogènes n'ont voix
délibérative que dans le cas où ils sont membres
de la chambre; mais comme la délibération n'est
que le résultat de la discussion, et qu'il est impossible que leur éloquence, leurs talens, et l'influence de leur caractère ne leur soumettent pas
les opinions des députés, je ne vois pas en conscience ce qui leur manque pour réduire à une
vaine et puérile formalité ce qu'on nous donne
pour une garantie. Mettez-vous au milieu des
membres de cette assemblée, faites la part de la
faiblesse , de l'intrigue, de la séduction et de l'é-

loquence ministérielle , et comptez ce qui reste pour la justice et la vérité.

Le silence que garde l'acte additionnel sur les confiscations ne peut être qu'un oubli de la part des rédacteurs du considérant. Je défie les plus chauds partisans de la constitution nouvelle de soutenir publiquement et sans rougir cette loi de notre vieille monarchie. Tous les peuples civilisés doivent la frapper de réprobation , en attendant qu'un nouveau degré de perfection et de sagesse nous fasse rejeter la peine de mort de notre code criminel. Louis XVIII renonçait aux confiscations dans sa charte , et ce bienfait n'était pas le moindre de ceux qui nous avaient fait excuser la manière dont il nous l'avait donnée. Rétablir le système des confiscations, c'est rendre au monarque des droits sur la glèbe , c'est punir une famille entière du crime d'un individu ; c'est ébranler toutes les propriétés, c'est alarmer tous les propriétaires. On se rappelle involontairement ces temps horribles de nos annales , où , le pied dans le sang, les Marat et les Robespierre battaient monnaie sur les échafauds. Si tous les rois étaient des Louis XII , des Trajan et des Marc-Aurèle , cette loi serait sans conséquence ; nous n'aurions même pas besoin de constitution ; mais l'histoire parle de quelques Néron et de quelques Cambyse : il peut naître des rois de cette espèce ; et c'est contre eux que les peuples demandent des garanties.

Français, je vous suppose réunis en ce moment dans le Champ-de-Mars comme vos ancêtres. J'assiste à cette réunion imposante, et j'énonce librement mon opinion sur un objet qui vous intéresse tous. On ne m'a point laissé le temps de châtier mon style et d'adoucir mes expressions. La situation de notre patrie ne permet plus les ménagemens et les réticences. J'ai cru devoir frapper fort ; c'est à vous de décider si j'ai frappé juste. Français de tous les partis, vous ne pouvez être indifférens sur l'acte qu'on vient de vous soumettre. Que ceux-là même, qui se bercent de l'espoir de le voir renverser dans une campagne, ne se retirent point de l'assemblée, de peur que les décrets de la Providence ne soient pas d'accord avec leurs souhaits et leurs principes. Je vais déplaire à tous les partis en cherchant à les réunir, car je ne flatte les passions d'aucun. Dans une occasion aussi importante il faut que quelqu'un se dévoue, et je ne vous demande que votre estime pour prix de mon dévouement. Conservez toutes vos chimères si elles vous plaisent, mais agissez aujourd'hui comme si vous les aviez abandonnées.

(25)

Abjurez seulement vos vengeances. Malheur
aux hommes qui déclament contre l'oppression
tant qu'ils ne sont pas au rang des oppresseurs,
et qui deviennent les apologistes de la tyrannie
dès l'instant qu'ils en peuvent être les ministres !
Les jacobins de tous les ordres m'inspirent éga-
lement de l'horreur et du mépris. J'ai vu les
septembriseurs, et j'en abhorre la mémoire ;
j'entends les menaces des réactionnaires, et je
frémis à la seule idée de leur triomphe. Que le
sang d'un Français soit répandu par les mains
d'un Robespierre, d'un royaliste ou d'un par-
tisan de l'Empereur, je n'en éprouve pas moins
d'horreur à le voir couler.

Français, quelles que soient les opinions qui
nous partagent, nous sommes tous réunis par
un même intérêt, celui de nos familles, de nos
propriétés et de nos personnes. Unissons-nous
par des liens indissolubles formons , s'il se
peut, une masse indestructible ; opposons cette
masse aux efforts du temps, au génie infernal
des révolutions ; et que la chute successive de vingt
dynasties ne puisse pas même l'ébranler : votre
salut est dans une monarchie constitutionnelle,
comme le salut de vos souverains est dans une
constitution libérale. Si les Bourbons étaient
encore sur le trône , je ne cesserais de leur

dire : Ne soyez ni les frères, ni les enfans de Louis XVI, soyez les rois d'un nouveau peuple; oubliez un crime politique, et ne vous apercevez pas que la plupart de ses auteurs occupent des places éminentes. Ne parlez point de ce règne de dix-neuf années qui blesse l'orgueil de tous les souverains du monde et du vicaire de Jésus-Christ; flattez l'armée, et ne la forcez pas à vous trahir en l'éloignant de vos palais, en confiant votre garde à des stipendiaires étrangers ou à des Français qui sont encore des étrangers pour elle; livrez aux tribunaux les lâches écrivains qui l'outragent, et ne laissez pas impunément publier que cent batailles gagnées, la conquête de trois empires et de six capitales ne sont pas des titres de gloire pour nous; adoptez des couleurs que ces victoires ont illustrées, et ne rendez pas aux deux générations qui sont armées, des étendards qu'elles n'ont jamais connus; ne prodiguez pas des récompenses à des services que les trois quarts de ce peuple veulent considérer comme des crimes; punissez le ministre indiscret qui, en réclamant des espérances pour vingt mille Français, osera donner des inquiétudes à dix millions d'autres; n'écoutez point ces vils flatteurs qui vous montreront un peuple entier comme prêt à servir leurs passions, tandis que ce peuple est indigné de leurs espérances chimériques ; ramenez-nous insensiblement à la religion de nos pères ; mais rejetez loin de vous ces égoïstes sacrés, ces indignes apôtres d'un Dieu de paix et de clémence, qui ne voient de piété que dans la superstition, de zèle que dans l'intolérance et dans le fanatisme. Ecoutez-moi, race de Henri IV, ou vous êtes perdue, et une révolution nouvelle va vous renverser une seconde fois du trône de vos pères.

Ma voix a crié dans le désert ; cette révolution s'est opérée ; Bonaparte a repris la couronne qu'il avait déposée. Je demeure Français ; et, sans varier dans mes principes, je lui tiens cet autre langage : « Les premières années de votre règne donnèrent de grandes espérances à la nation française. Vous fûtes grand un moment ; et la réunion de tous les partis ne fut pas le moindre triomphe de votre sagesse. Je vous louai, comme je louerai toujours ce qui sera digne de l'être. Vous vîtes à vos pieds presque tous les peuples de l'Europe ; et le seul qui refusa d'y tomber est aujourd'hui le seul qui vous conserve son admiration, quoiqu'il soit peut-être à la veille de vous combattre. Tous les souverains du continent ont recherché votre alliance ; vous étiez l'homme du siècle : par quelle fatalité en êtes-vous un instant devenu le fléau ? Des deux guerres qui vous ont perdu, une seule vous fut commandée par la politique et par l'intérêt de l'Europe entière. Votre seule faute est de l'avoir mal entreprise. Deux victoires imprévues vous relevèrent; vous pouviez en profiter pour réparer vos forces dans le sein d'une paix honorable.

Vous eûtes un peu trop de confiance dans votre fortune. Cette confiance était excusable : vous commandiez à des Français, et la victoire de Dresde sembla la justifier un instant; mais, dans les champs de Leipsick, la plus étonnante valeur fut acccablée par des armées innombrables, dont vos espions perfides vous cachèrent la force. Le Rhin fut franchi. Il ne l'eut pas été, si, renonçant dès-lors à l'Allemagne, comme vous y renoncez aujourd'hui, vous eussiez rallié les garnisons éparses de ses forteresses : deux cent mille Français se seraient trouvés rassemblés sur nos frontières, et, malgré les rodomontades de nos ennemis, leurs six cent mille baïonnettes n'auraient pas même osé les attaquer. Si des courtisans vous conseillèrent la guerre, quand la paix était votre salut et le salut de la France, je ne vous ferai point l'injure de croire que ces vils flatteurs soient encore auprès de vous; vous les aurez sans doute rejetés de votre présence. Ils durent vous dire que la France était inépuisable ; votre malheur fut de les croire, et vous descendîtes du plus beau trône de l'univers. Je me suis tu dans votre absence : assez d'autres vous ont insulté tant qu'ils ont pu le faire sans péril. Je ne qualifierai point leur conduite : le silence qu'ils gardent aujourd'hui suffit pour la juger. Vous êtes revenu ; et la révolution qui vous a replacé sur le trône a quelque chose de si extraordinaire, que l'histoire même s'en étonne. Vous avez fait de grandes promesses ; votre gloire est maintenant de les tenir. Ne nous faites pas un crime d'avoir accepté des emplois sous les nouveaux dépositaires d'une puissance que vous aviez abdiquée. Ce n'est point assez de reconnaître la souveraineté du peuple : il fallait avoir le courage de vous faire réélire. Quoi qu'il en puisse être, régnez selon les idées de votre siècle ; n'attirez point sur nous toutes les calamités d'une révolution nouvelle. Celle qui vous a rendu le sceptre a coûté peu de sang à l'humanité ; celle qui vous l'ôterait aujourd'hui le ferait verser par torrens ; les eaux de nos fleuves en seraient rougies ; et nous en avons assez répandu. Cédez à l'opinion ; je vous le dis à vous, je le dirais à celui qui serait assis à votre place, si vous en étiez une seconde fois renversé ; car c'est au nom de ma patrie que je vous parle, et ma patrie a besoin de paix et de bonheur. Bonapartes, Bourbons, et vous tous qui aspirez à régner sur elle, ne vous trompez point aux sentimens qui nous animent. A l'exception de quelques enthousiastes qui ne sont rien sur la masse du peuple, vous n'avez de partisans que ceux à qui vous offrez le plus de chances de repos et de félicité. Nous marchons tous au même but, et nous ne différons que par les moyens. Nous avons tous le même principe, et nous ne disputons que sur la manière de l'appliquer. Ce n'est point sur vos intérêts que nos sentimens se règlent ; nous nous rallions à celui qui flatte les nôtres ; la paix et le bonheur, voilà le point de ralliement de tous ; et le seul roi légitime pour tous sera celui qui nous rendra tous heureux.

Rois de la terre, c'est maintenant à vous que je m'adresse. Une révolution s'est faite dans la pensée de l'homme. Il ne s'agit plus aujourd'hui de remonter aux sources, d'examiner les causes, de blâmer les effets, de condamner les résultats. Voyez le point où vous êtes, et partez de votre siècle. Maîtres d'une force imposante, vous pourrez un instant comprimer l'opinion, il vous est impossible de l'anéantir Vous remonteriez plutôt le saut de Niagara, que de faire reculer l'esprit humain. Cédez à l'opinion ; je ne vous le dis point comme un républicain farouche, qui s'offense de votre autorité ; je la crois utile, nécessaire, indispensable au bonheur des peuples : la république est une chimère qui les dévore. Ne les forcez point à se livrer encore à ses illusions mensongères ; c'est un brillant et superbe péristyle, derrière lequel s'élèvent les autels sanglans de l'anarchie. Nos goûts, nos habitudes nous entraînent malgré nous vers le gouvernement d'un seul. Les chefs des républiques ne sont que des monarques temporaires ; dès que leur influence est partagée, les peuples se divisent et s'égorgent, ils ne retrouvent le repos que sous l'ascendant du plus fort ou du plus heureux. Il n'y a point de république sous les Sylla, les Marius et les Roberspierre. Rois de la terre, sauvez-nous de ces monarques-là. Si nous avons pu croire un moment qu'il fût possible de réaliser cette brillante chimère sous l'égide de la puissance directoriale, c'est que le niveau tranchant de la révolution avoit dévoré tout ce qui s'élevait au-dessus du vulgaire. Dès qu'une grande réputation nous est apparue, nous l'avons entourée de nos hommages ; dès qu'un homme plus fameux que les autres s'est montré, nous avons couru dans ses bras ; et le trône s'est relevé pour lui. Rois, vous êtes un besoin pour les peuples ; mais au nom de ces mêmes peuples, au nom du ciel et des hommes, renoncez à nous gouverner par des êtres de raison, par des pré-

jugés et des prestiges. Je vous annonce de grandes vérités; vous les reconnaîtrez un jour, mais
quand il ne sera plus temps de les reconnaître.
Les vils adulateurs qui vous tiennent un langage
contraire sont vos plus mortels ennemis; repous-
sez-les comme des conseillers perfides, qui men-
tent à leur conscience, et qui vous entraînent
dans l'abîme. Vous régnerez dix ans, vingt ans,
par la terreur; l'opinion se relevera plus terrible,
et si vous manquez à sa vengeance, elle frappera
vos enfans et votre couronne. Rois de la terre,
s'il en est parmi vous qui, malgré la découverte de
l'imprimerie, veulent soumettre encore les peuples aux vieilles maximes du treizième siècle, il
ne leur reste qu'un moyen de réussir. Qu'ils aban-
donnent les tempéramens et les demi-mesures,
qu'ils se retirent chez les Calmoucks, les Mant-
cheous et les Bashkirs; qu'ils soulèvent la popu-
lation toute entière, qu'à la tête de cette masse
de barbares, ces Attila modernes fondent sur
les terres civilisées, qu'ils avancent comme un
torrent dévastateur, que le glaive extermine tout
ce qui sait lire, que la flamme dévore les biblio-
thèques, qu'ils renouvellent la race des hommes,
et qu'ils régnent sur ceux qui en seront dignes.

Paris, de l'Imprimerie d'Ad. Beraud, rue des Noyers, no 37.

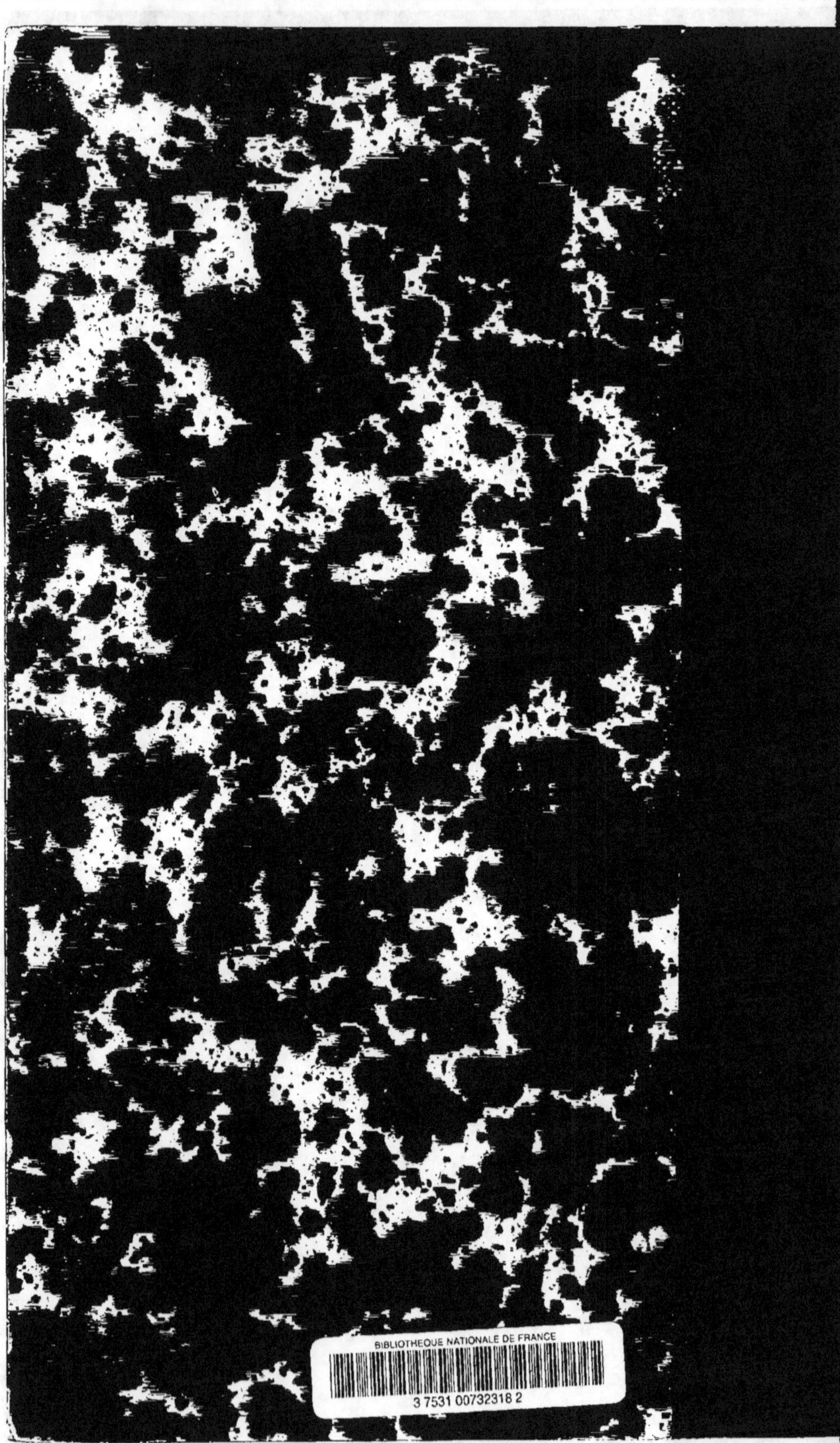